Début d'une série de documents
en couleur

DES ÉTUDES
D'HISTOIRE ECCLÉSIASTIQUE

LEÇON D'OUVERTURE

FAITE A LA FACULTÉ DE THÉOLOGIE PROTESTANTE

DE L'UNIVERSITÉ DE PARIS

Le Vendredi 3 Novembre 1899

PAR

Samuel BERGER

Professeur adjoint à la Faculté

PARIS

LIBRAIRIE FISCHBACHER

SOCIÉTÉ ANONYME

33, RUE DE SEINE, 33

—

1899

Imprimerie PAUL SCHMIDT, 5, av. Verdier, Grand-Montrouge

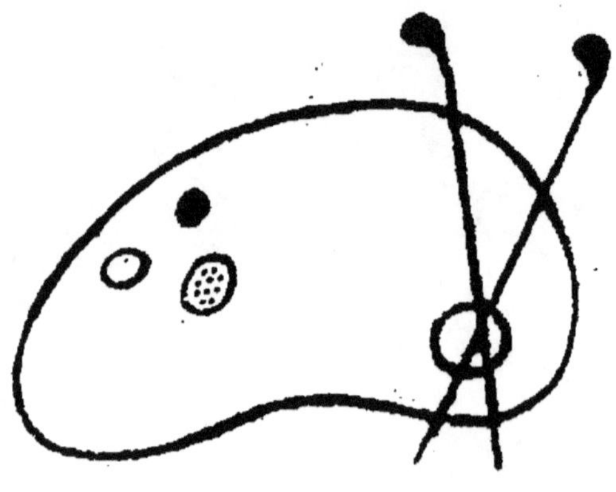

Fin d'une série de documents
en couleur

DES ÉTUDES

D'HISTOIRE ECCLÉSIASTIQUE

DES ÉTUDES
D'HISTOIRE ECCLÉSIASTIQUE

LEÇON D'OUVERTURE

FAITE A LA FACULTÉ DE THÉOLOGIE PROTESTANTE
DE L'UNIVERSITÉ DE PARIS

Le Vendredi 3 Novembre 1899

PAR

Samuel BERGER
Professeur adjoint à la Faculté

PARIS
LIBRAIRIE FISCHBACHER
SOCIÉTÉ ANONYME
33, RUE DE SEINE, 33

—

1899

DES ÉTUDES D'HISTOIRE ECCLÉSIASTIQUE

MESSIEURS,

Il y a trois ans passés, par une belle matinée du mois de juin, quelques amis de l'histoire étaient assemblés à Christ's College, à Cambridge, dans la chambre qui a été celle de Darwin. Ils étaient de plusieurs nations et de diverses langues, Anglais et Français, de l'Église catholique, anglicane ou luthérienne, réunis par le désir de s'entretenir des progrès de l'histoire ecclésiastique et d'échanger leurs pensées sur la méthode historique. Tandis que nous mettions ainsi en commun nos expériences et que nous exprimions tour à tour, chacun à sa manière, notre amour pour l'histoire de l'Église, et pendant que nous écoutions l'un de nos amis, un prêtre, nous entretenir des quatre vertus cardinales de l'historien : force, prudence, justice, tempérance, nous nous sentions remplis d'une profonde émotion. Il nous semblait que nous voyions se réaliser cette parole du livre des Psaumes : « O que c'est une chose bonne, et que c'est une chose agréable, que des frères demeurent unis ensemble! »

Je voudrais aujourd'hui, si votre attention m'y encourageait, rappeler devant vous quelques-unes des pensées qui ont été exprimées dans cet entretien fraternel. Ce n'est pas que je prétende donner aucune importance à l'entrevue très simple de quelques hommes de travail; mais peut-être estimerez-vous, Messieurs, qu'il vaut la peine, lorsqu'on aime véritablement une science, de s'entretenir parfois, non de ses résultats, mais d'elle-même, et que les questions de méthode doivent être les premières dans l'esprit de ceux qui étudient et de ceux qui enseignent. Nous avons mieux à faire, en effet, que d'apprendre aux jeunes gens les faits de l'histoire, nous désirons leur apprendre à apprendre eux-mêmes l'histoire. Pour cela, il faut que nous sachions, et que nos auditeurs sachent comment on doit apprendre quand on veut bien savoir.

Je sais bien que le meilleur moyen de montrer comment l'histoire doit être écrite serait de donner l'exemple d'une œuvre historique bien faite. Comme dit Voltaire, « il en est des lois pour écrire l'histoire comme de tous les arts de l'esprit : beaucoup de préceptes et peu de grands artistes (1) ». Il doit pourtant être permis à ceux qui ne sauront jamais donner un modèle, de faire l'éloge de l'étude à laquelle ils se sont consacrés et de dire que l'histoire veut qu'on mette à son service toutes les qualités de l'homme de bien. Mais si ces vertus sont nécessaires à l'historien, l'histoire à son tour les fortifie et les développe, et ce n'est pas son moindre mérite. L'homme qui a l'avantage de s'occuper de l'histoire réfléchit sans cesse à la manière de trouver le vrai et de le dire; il s'exerce à corriger son caractère, de manière à se dépouiller des défauts qui nuiraient à la sûreté de son jugement. Ceux qui sont attachés à la branche la plus noble de l'histoire, à l'histoire de l'Église chrétienne, ne doivent pas être les moins soucieux de développer en eux-mêmes, par l'étude, la force de la pensée et, plus encore, celle de la volonté.

C'est, en effet, à la volonté que le travail de l'histoire fait appel avant tout.

<h2 style="text-align:center">I</h2>

Pourquoi enseignons-nous l'histoire à tant de jeunes gens qui auront à faire, dans la vie, tout autre chose que de l'histoire? Est-ce pour mettre quelques noms et quelques dates dans leur mémoire? Ce serait un pauvre bénéfice. Au reste, la partie matérielle de notre enseignement sera bientôt oubliée, et nous nous

---

(1) *Dictionnaire philosophique*, article *Histoire*. — On trouvera des pensées excellentes sur la méthode historique dans les ouvrages suivants : L. Bourdeau, *l'Histoire et les Historiens*, Paris, 1888, in-8°; Ch.-V. Langlois et Ch. Seignobos, *Introduction aux études historiques*, Paris, 1898, in-12, et A. Sorel, *Vues sur l'histoire (Nouveaux essais d'histoire et de critique*, Paris, 1898, in-12).

en consolerons sans trop de peine. Si nous avons l'honneur d'être des maîtres, c'est pour former des esprits, l'esprit des élèves comme le nôtre, et ceci est l'œuvre de la volonté. Nous désirons que nos auditeurs prennent goût aux études historiques et qu'ils s'y appliquent comme à un devoir.

On dira : pour le plus grand nombre, c'est inutile. Il n'appartient pas à tout le monde d'écrire l'histoire et tout le monde n'y peut parvenir. On naît historien, on ne le devient pas.

En êtes-vous sûr? Il est vrai que le bon Dieu a donné à certains esprits des qualités de pénétration et de vivacité que rien ne peut remplacer. Comme on l'a dit, « un esprit ingénieux, fécond en hypothèses, prompt à saisir et même à deviner les rapports, » est un instrument de travail que l'étude même ne peut donner. C'est surtout une arme redoutable, dans la discussion historique, que ce qu'on appelle l'esprit critique, ou pour mieux dire l'esprit de critique, c'est-à-dire la défiance toujours en éveil, la promptitude naturelle à découvrir le point faible d'un raisonnement, en un mot l'esprit de contradiction. Mais, croyez-moi, cet esprit-là nuit quelquefois à l'histoire plus qu'il ne lui est utile, et l'esprit d'hypothèse lui-même peut être un piège, parce qu'il court le risque de mettre l'intuition à la place du travail. La critique, telle que la conçoivent les vrais hommes d'étude, est tout autre chose que ce que l'on croit d'ordinaire. La conscience dans le travail, la discipline constante de l'esprit, l'exactitude absolue, l'attention et la persévérance, en un mot l'exercice de la volonté, voilà de quoi est faite la véritable critique, et elle consiste surtout à être exigeants envers nous-mêmes. Qui dit critique dit méthode, et la méthode est une chose si simple, qu'on s'étonne que tout homme qui a de la volonté ne cherche pas à l'acquérir. Elle se pourrait résumer en ces deux règles de Descartes, si élémentaires qu'on leur prête généralement peu d'attention : « Ne jamais avancer aucune chose comme vraie qu'on ne la connaisse certainement être telle; faire toujours des énumérations assez complètes pour que l'on soit assuré de ne rien omettre. » Tout est là, et en dehors de ces règles il n'y a pas de moyens sûrs d'arriver à la vérité.

De quoi proviennent, en effet, le plus grand nombre de nos erreurs? En dehors de la passion, qui en est malheureusement la source la plus abondante, elles sont surtout causées par la précipitation de nos jugements. La paresse d'esprit en est la cause, ou (ce qui est la même chose) la facilité à se satisfaire soi-même, car il n'y a qu'un moyen de travailler sûrement, c'est de travailler lentement. Ainsi, en réalité, la sûreté de nos jugements repose sur notre patience. Aller toujours aux sources et, autant qu'il est possible, y aller tout d'abord et avant d'avoir pris le mot d'ordre des auteurs, lire les documents, toutes les fois que la chose en vaut la peine, dans leur ensemble, et ne pas se contenter d'extraits faits par d'autres, même si l'on a pris la peine de vérifier le travail d'autrui, en un mot, ne se reposer sur personne pour la peine à prendre et n'être jamais pressé d'arriver, voilà la sûre méthode pour mener à bien une recherche historique.

Il en va de même dans les études et dans la vie, et il n'y a pas un de nous qui soit dispensé d'avoir de la critique. Un homme sans critique et sans méthode est un homme sans direction dans la conduite de son esprit, désarmé devant les difficultés de la vie et à la merci de toutes les surprises. La critique, dans la vie, c'est la maturité dans la réflexion, l'attention dans l'observation, la netteté dans les décisions et l'esprit de suite dans l'exécution, en sorte qu'un même homme doit être à la fois un bon historien et un homme avisé, un homme de science et un homme de jugement, un savant et un sage. En vérité, la critique ainsi comprise est nécessaire à la vie entière.

Mais tenons-nous-en à la critique prise dans son sens le plus humble, à l'étude et à la discussion des sources, à ce qu'on appelle l'érudition. J'ai souvent entendu dire à un de mes maîtres qu'il n'y a pas de meilleure école de moralité que l'érudition, parce que le véritable érudit est nécessairement modeste. Il est bien forcé de l'être, car on ne saurait croire, si l'on n'a pas fait sa carrière de l'érudition, combien humble est le niveau de nos études et dans quelles petites choses nous sommes obligés de nous plaire. Collationner les variantes de cent manuscrits d'un même texte, sans que l'œil ni la main se lassent, compter les pages et les lignes, noter le filigrane du papier ou les blasons des propriétaires, ce serait pour d'autres un ennui, pour nous c'est un plaisir de tous les moments, et les petites découvertes que nous procure ce travail peuvent nous donner de très grandes joies. Retrouver un manuscrit royal disparu depuis le xiv° siècle, découvrir qu'un volume égaré dans la bibliothèque d'un amateur est la suite d'un autre qui est à Oxford ou à Cambridge, c'est avoir ramené au bercail la brebis perdue. Avoir mis la main sur quelque texte curieux, sur quelque trait de mœurs caché dans une chronique et qui nous permettra de jeter un coup d'œil sur la manière de penser des hommes d'autrefois, c'est une satisfaction suffisante pour nous faire oublier bien des fatigues. Mais peut-être notre plus grande récompense, pour tous les travaux matériels auxquels nous sommes condamnés, est-elle en ceci même, que nous y apprenons tout naturellement l'humilité. Que d'autres poursuivent les grands résultats et les conclusions générales, il nous suffit de préparer le travail d'autrui, de fournir à ceux qui sauront en tirer parti des documents, non seulement bien établis, mais surtout bien classés, où chaque chose soit mise à sa place et où l'on donne à chaque détail son degré d'importance et sa valeur dans l'ensemble. Si nous avons fait cela, nous aurons fait œuvre de critiques, nous aurons certainement été utiles à l'histoire et cela nous suffit. Mais nous n'en pourrons guère tirer d'orgueil et, en vérité, qui est-ce qui nous lira, en dehors d'un très petit nombre de savants?

II

Cette modestie dans laquelle nous nous complaisons par nécessité nous oblige à nous rapprocher des autres savants, car les érudits ont besoin les uns des autres. Ils en ont besoin pour consoler leur solitude, pour s'instruire réciproquement et pour corriger leurs erreurs; ils sont plus forts par leur union, et, comme dit l'Ecclésiaste, la corde à trois cordons ne se rompt pas.

A cet égard, reconnaissons que les rapports entre les hommes de science ont grandement changé depuis quelques années. L'étude des origines de l'Église et l'étude scientifique de la Bible et de son histoire sont pour quelque chose dans cet adoucissement des mœurs des historiens. Le temps n'est pas loin où les érudits semblaient trop souvent s'appliquer à mettre en pratique le proverbe : *homo homini lupus*, où les comptes rendus impitoyables, les personnalités blessantes et les querelles de priorité étaient le pain quotidien de la critique. Cette critique-là, elle ne se fait plus parmi nous; nous aimons mieux nous corriger nous-mêmes que de critiquer autrui. Je sais un groupe nombreux et déterminé de savants, parmi ceux qui se consacrent à l'étude de la Bible, qui se sont depuis longtemps promis à eux-mêmes d'être des amis pour tous ceux qui se dévouent à la même science. Comme dans la primitive Église, ils n'estiment pas que rien leur appartienne en propre; leurs découvertes sont toujours mises en commun et chacun se croit obligé de travailler pour les autres comme pour lui-même. Lorsqu'il faut rendre compte d'un ouvrage ou examiner un système, avant de présenter au public la critique, on commence par la soumettre à l'auteur que l'on juge : tout y gagne, la vérité aussi bien que les bonnes relations. On se recherche, on se visite, on se connaît, on s'aime, et ces amitiés, entre gens que les nationalités ou les différences religieuses sembleraient devoir séparer, sont d'autant plus solides qu'il a fallu écarter plus d'obstacles pour les former.

On pourra craindre que la force des convictions ne souffre d'une telle largeur, et que la modération que les rapports personnels imposent aux hommes de science ne les amène à penser moins fermement et à sentir moins vivement, ou du moins à parler avec moins de netteté. On pourra même accuser de latitudinarisme et d'indifférence ceux qui cherchent à élargir leurs relations et leur cœur. Jusqu'à présent, pourtant, ce reproche leur a généralement été épargné, sans doute parce qu'on sent et que l'on sait que la tolérance se plaît dans les âmes fermes, que les convictions les plus assurées sont les plus élevées et, par conséquent, les plus larges, et que, pour croire à la fraternité de tous les chrétiens et à l'Église universelle, il faut commencer par être dévoué de tout son cœur à son Église. Celui-là seul, en effet, peut sans danger fréquenter les chrétiens qui pensent autrement, ignorer devant eux ce qui sépare et rechercher ce qui unit, qui sait très bien ce qu'il croit et quelles sont les raisons de sa foi, et dont la foi est au-dessus des discussions comme elle est en dehors du raisonnement. Ainsi notre devise sera celle qu'un vieux pasteur, homme d'une grande foi et d'une charité admirable, donnait devant moi à son fils, le jour de sa consécration au saint ministère : « Assez fidèle pour avoir le droit d'être charitable, assez charitable pour avoir le droit d'être fidèle (1)! » S'il faut, pour être historien, comprendre et apprécier des convictions qui ne sont pas les nôtres, admirer des institutions qui nous sont étrangères et saisir les raisons de leur force et de leur durée, il est bon que cela nous coûte et il faut que nous y ayons de la peine. C'est même cette lutte intérieure dans l'homme, cet élément de volonté opposé à une résistance continuelle, qui donne à l'œuvre historique son caractère le plus personnel, car ce que vous pouvez mettre de meilleur dans votre livre, c'est le renoncement à vos habitudes d'esprit et à vos inclinations naturelles. Votre œuvre ne sera vôtre que si elle vous a coûté un réel sacrifice et s'il a fallu, pour la produire, un effort de votre être moral. Cet effort doit être sérieux, et il est bon qu'il vous soit pénible, s'il est vrai que la loi de l'histoire est le désintéressement.

Nous qui avons consacré notre vie au service de l'Église, nous abordons généralement les études historiques avec toute espèce d'intentions d'apologétique, de polémique et de discussions. Nous nous proposons de tirer de l'histoire des preuves en faveur de nos convictions et des arguments contre les opinions de nos adversaires. Mais il arrive souvent, et il doit arriver, que l'expérience nous éclaire sur l'erreur où nous étions, et qu'après un certain nombre d'années, l'histoire que nous écrivons diffère beaucoup de celle que nous avions la pensée d'écrire. Nous nous détournons de plus en plus de l'histoire polémique, de l'histoire qui prouve et de l'histoire qui combat, et nous en arrivons à croire les discussions de ce genre également nuisibles à la véritable histoire et à la vérité religieuse. Mais il faut nous expliquer sur ce point.

En premier lieu, la prudence doit nous dissuader de nous prêter, volontiers ou malgré nous, aux polémiques sur le terrain de l'histoire. Quand nous nous connaissons bien nous-mêmes, nous nous défions profondément de notre science, et, en fussions-nous sûrs, les surprises d'un colloque public devraient encore nous mettre en défiance. Le moindre danger de ces disputes est qu'imprudemment engagés, nous ne soyons confondus, du moins aux yeux des témoins de la lutte, et que notre défaite ne soit celle de

(1) Louis Vallette. Sermon prononcé aux Billettes, pour la consécration de son fils Oscar Vallette.

notre cause. La vérité est souvent si délicate à saisir, les éléments dont elle se compose sont si subtils et si difficiles à déterminer, que nous éprouvons de la peine à la définir clairement, même en présence de nous-mêmes : combien plus en face d'un adversaire étranger aux finesses de la pensée et devant un public qui n'y entend rien! Combien de discussions historiques ne se sont-elles pas terminées par la défaite de ceux qui avaient raison? Et pourtant ces lutteurs malheureux étaient quelquefois des hommes d'un mérite supérieur. C'est que, le plus souvent, en des combats semblables, la cause est gagnée ou perdue à l'avance dans le jugement des tribunaux populaires, parfois même devant des témoins qui devraient être éclairés, mais dont le parti est pris.

Je vais beaucoup plus loin et je dis : serions-nous sûrs de remporter la victoire, il ne faudrait pas davantage accepter la lutte. Il ne le faudrait pas pour nous-mêmes, car les discussions historiques nous entraîneront fatalement, aussi bien que nos auditeurs, hors du seul terrain sur lequel doivent se débattre les questions religieuses, hors de l'expérience et de la conscience intime.

Notre foi est au-dessus des discussions historiques. A Dieu ne plaise qu'il puisse dépendre d'un fait d'histoire établi ou contesté, ou du résultat d'un tournoi oratoire, que je croie ou que je ne croie pas. Cette pensée est si profonde dans les âmes croyantes, qu'elles n'aiment même pas à la développer longuement. Si nous croyons à la Providence, ce n'est pas parce qu'elle est prouvée par les événements. Nous y croirions encore, si elle nous paraissait contredite par toute l'histoire. Si nous sommes protestants, ce n'est pas à cause des abus ou des fautes que l'histoire nous montre ailleurs, c'est par un besoin de notre conscience religieuse; c'est parce que nous sommes assurés que nos bonnes œuvres sont impuissantes à nous donner la paix avec Dieu et parce que nous croyons, avec les réformateurs, qu'il n'y a qu'une manière d'être sauvé, c'est d'accepter, par la foi, avec la simplicité d'un enfant, la grâce de Dieu et l'œuvre rédemptrice de notre Sauveur. Qu'est-ce que les discussions historiques peuvent à cette conviction du cœur? Ne la rendront-elles pas incertaine, en déplaçant le fondement de la foi? Assurément, le témoignage des grands hommes du passé est bienfaisant pour nous. Rien ne nous fortifie davantage que de nous sentir, selon le mot de l'Épître aux Hébreux, environnés d'une si grande nuée de témoins, mais cet accord des grands chrétiens de tous les temps n'est pas de telle nature qu'il se puisse établir par la discussion. Saint Augustin, par sa doctrine de la grâce, est le maître de Luther et de Calvin, mais il est également, par d'autres traits de sa doctrine, le père spirituel de l'Église catholique, et personne ne peut réclamer pour lui seul son héritage. Il en est de même en un grand nombre de cas. En fût-il autrement, nous ne voudrions néanmoins pas donner à des discussions historiques le droit de commander à notre foi. Il ne nous plaît pas qu'une question d'histoire puisse entrer en compte dans l'assurance du salut.

III

Sentez-vous maintenant jusqu'où peut aller et doit aller le désintéressement de celui qui écrit l'histoire, et combien le bon historien, dégagé de tout intérêt pratique, sera plus à l'aise pour rechercher et pour exprimer sincèrement la vérité ? J'ai vu souvent un des meilleurs maîtres d'histoire que je connaisse s'affliger des vues bornées des élèves qui, lorsqu'un fait est établi devant eux, demandent aussitôt : Qu'est-ce que cela prouve ? C'est dans ce sens que Fustel de Coulanges inaugurait, il y a vingt-quatre ans, son enseignement à la Sorbonne par une parole qu'il n'a jamais confiée à l'imprimeur, craignant sans doute qu'elle ne fût pas comprise au dehors, mais qui est restée profondément gravée dans l'esprit de ceux qui l'ont entendue : « Le caractère propre de l'histoire, c'est qu'elle ne sert à rien (1). »

Quand on entend une parole comme celle-là, on se débat sous l'aiguillon et l'on dit au premier moment, comme les Juifs du temps de Jésus : « Cette parole est dure, qui peut l'écouter ? » Mais le mot qui nous a blessés nous accompagne dans la vie et avec le temps on arrive à trouver qu'il y avait dans le paradoxe du maître assez de vérité pour que nous puissions en faire notre profit. Fustel a dit vrai, mais il faut le comprendre. Il voulait dire que l'on ne doit chercher dans l'étude de l'histoire que le profit de l'histoire elle-même, qu'elle ne sert à quelque chose

---

(1) J'ai retrouvé ce mot cité par R. de La Blanchère (*Revue critique*, 1895, t. I, p. 176) et, après lui, par M. Langlois.

qu'à la condition de la poursuivre comme si elle ne servait à rien.
Les fruits de l'histoire, il faudrait être bien ingrat pour les nier :
elle forme les caractères; par la sévérité de la méthode, elle fait
les esprits droits. Dans la vie, elle augmente notre expérience,
elle nous rend prudents et nous instruit dans la sagesse; en
ouvrant notre esprit, elle élargit notre cœur et elle nous
accompagne partout, comme une bienfaitrice et une amie. Tel est
le fruit de l'histoire; mais ce fruit naît tout seul, ainsi qu'il en est
dans la nature. Il faut seulement que l'arbre soit bon ; à nous de
le bien cultiver. Celui-là s'en montrerait incapable, qui mêlerait
à l'histoire ses passions et ses intérêts, quelque élevés qu'ils
puissent être, et qui chercherait en elle autre chose que l'histoire
elle-même. Or celui qui aime l'histoire pour elle-même ne court
pas aux résultats, mais il sait se contenter de la recherche, aussi
longtemps qu'il est nécessaire.

Faudra-t-il donc nous enfermer dans le détail de l'érudition et
nous contenter pour toujours de publier des cartulaires ou de
décrire des monuments, en un mot de constater des faits de
second ordre et sans intérêt général? Un pareil emploi de la
vie suffit à beaucoup d'hommes de dévouement, qui bornent leur
ambition à servir les autres, et ils n'estiment pas être à plaindre.
Tels étaient, au XVIIᵉ et au XVIIIᵉ siècle, les bénédictins de
Saint-Maur, théologiens eux aussi, et fort attachés à leur foi et
à leur liberté d'esprit, mais qui ont donné un exemple incompa-
rable de modestie et d'abnégation scientifique. Pour nous, nous
ne pouvons pas ne pas demander quelque chose de plus à la
science historique. Si nous nous plaisons dans l'érudition, c'est
parce qu'elle est la condition des études consciencieuses et le
moyen d'arriver aux pensées élevées. Les aperçus sur les
horizons étendus, les vérités générales entrevues ou saisies, sont
pour nous la récompense des travaux patients et obscurs, et cette
récompense nous fera d'autant moins défaut que nous la recher-
cherons moins. Il n'est pas possible qu'un homme intelligent et
qui sait observer demeure longtemps dans l'étude des questions
d'érudition sans y trouver toute une moisson de détails curieux,
de rapprochements inattendus et de traits de caractère, qui lui
feront connaître les temps passés presque aussi bien que s'il y
avait vécu et qui, par la comparaison entre les mœurs et les

institutions de diverses époques, lui enseigneront l'histoire dans ce qu'elle a de plus élevé. Mais, je le répète, de telles récompenses ne sont accordées qu'à ceux qui ne sont pas empressés à les réclamer et elles sont surtout la part des hommes dont la science est modeste jusqu'à la fin.

Avez-vous parfois, dans vos pensées, cherché à tracer dans votre esprit l'image du bon historien, homme d'église en même temps qu'homme de science, qui se plaît aux tâches les plus humbles et qui pourtant ne se refuse pas la satisfaction de regarder plus haut? Pour moi, je me le représente tel que j'ai connu le maître qui m'a, le premier, enseigné l'histoire de l'Église. Retiré dans une vieille maison canoniale, au milieu des antiquités, des livres et des fleurs, étranger au bruit du dehors, on croyait voir en lui quelqu'un de ces mystiques alsaciens du moyen âge dont il a peint l'image avec tant d'amour, ou l'un de ces humanistes qui avaient pour devise : *pietas litterata*. Aucune besogne n'était au-dessous de sa modestie et ne pouvait lasser sa patience. Il a travaillé vingt ans à classer les archives du célèbre chapitre de Saint-Thomas, et il en a tiré les monographies les plus curieuses et les plus variées et jusqu'à une histoire des rues de Strasbourg; en même temps, éclairant l'érudition par l'esprit populaire, il se plaisait à composer le glossaire du dialecte alsacien, celui qu'écrivaient jadis le chroniqueur Closener et le satirique Sébastien Brant, dans lequel a prêché Jean Geiler et que parlent encore les enfants de Strasbourg. Il lui semblait parfois, ainsi qu'il aimait à le dire, qu'il avait vécu au xiv° siècle, au temps où il y avait encore de la foi et déjà des idées libérales. Mais les grandes époques dans lesquelles se forme la pensée humaine ne peuvent laisser indifférent un véritable historien. Notre maître sera le biographe de Mélanchthon, il écrira l'histoire des origines de la Réforme en France; mais surtout, dans son enseignement, il touchera avec gravité et avec délicatesse à tous les grands sujets, et il fera toujours sentir à ses auditeurs l'âme de l'Église. Il aimera l'Église universelle d'un grand amour, tout en consacrant son dévouement à la communauté dans laquelle Dieu l'a fait naître et à laquelle l'attachent ses convictions et ses devoirs. Ami de tous les peuples, il ne se consolera jamais des malheurs de la France. M. Charles Schmidt (car vous savez que c'est de lui que je parle) a formé peu de disciples. Le meilleur d'entre eux, Auguste Jundt, est mort avant le vieux professeur qui l'avait instruit, laissant dans cette Faculté le plus aimable et le plus beau souvenir. Mais si M. Schmidt a été un maître, ce n'est pas seulement parce qu'il a fait des livres admirables, c'est bien autant parce qu'il a donné à de nombreux élèves l'exemple d'une vie pleine de dignité, consacrée à la science et au service de Dieu.

J'ai eu d'autres maîtres, Messieurs, et je les ai eus en commun avec tous ceux qui aujourd'hui, en divers pays, s'appliquent à renouveler l'histoire de l'Église par l'étude des antiquités chrétiennes. Parmi eux, ma pensée va tout d'abord chercher le bon et l'indulgent Gian-Battista de Rossi. Je refais, par le souvenir, le pèlerinage de cette maison d'Ara-Celi, où des inscriptions romaines annonçaient dès l'entrée l'épigraphiste et le maître qui nous a fait connaître le monde des catacombes. De Rossi a tout renouvelé, dans cette étude, la chronologie romaine aussi bien que l'histoire des institutions chrétiennes. Il a trouvé, dans les guides du pèlerin à Rome au moyen âge, le fil conducteur dans le dédale des cimetières souterrains, ensevelis depuis le temps de Dioclétien, et il y a apporté l'air et la lumière. Mais c'est surtout à nos esprits qu'il a fait luire d'une clarté nouvelle ce passé merveilleux qui est vivant aujourd'hui, grâce à lui. S'attachant à l'histoire des martyrs, recherchant leur souvenir comme il découvrait leurs tombeaux, il a consacré les derniers jours de sa vie à publier le *Martyrologe*, liste de simples noms dont chacun a son langage. Je n'ai vu qu'une heure le maître de la science des catacombes, mais j'ai pu suivre pendant cinq ans les leçons du plus fidèle de ses disciples et de son meilleur ami. Je n'en dis pas davantage, car je ne dois pas parler des vivants, lors même que la reconnaissance et l'affection m'y engagent.

Permettez-moi de rappeler aussi le souvenir de l'évêque de Durham, Joseph-Barber Lightfoot, grande figure puissante et douce, savant d'une impartialité admirable. Je ne l'ai pas connu ; j'ai seulement visité sa tombe, dans la chapelle d'Auckland-Castle, qu'il a décorée de beaux vitraux et restaurée avec l'amour d'un véritable évêque pour les souvenirs du passé. Mais qui n'est pas de son école, parmi ceux qui s'intéressent à l'étude des Pères apostoliques? Je peux du moins parler, comme d'un ami, de celui qui fut le compagnon d'études de toute sa vie, du D' Hort. Modeste jusqu'à la timidité, M. Hort n'a été connu, en dehors de son pays, que dans ses dernières années. Il fut moins un historien qu'un exégète, mais il a fait une chose inappréciable, il a créé une méthode. Depuis qu'a paru, en 1881, le Nouveau Testament de Westcott et Hort, on ne juge plus des questions de critique biblique par impression et par sentiment, mais par règle. Ainsi Pascal disait : « Je juge par ma montre. » Sans doute, ces règles-là sont de celles qui se revisent sans cesse, et elles attendent toujours d'être remplacées par d'autres meilleures. Mais c'est de l'œuvre des deux savants de Cambridge que date le mouvement qui s'est dessiné, depuis vingt ans, dans l'histoire de la Bible, et l'histoire tout entière peut faire son profit de leur méthode de travail.

De tels hommes ont été des maîtres, parce qu'ils ont été des caractères.

C'est qu'il ne faut pas oublier que ce qui fait l'histoire, c'est l'historien. En dehors de l'intelligence qui observe et qui compare, en dehors de la plume qui raconte et qui décrit, il y a des faits, mais il n'y a pas d'histoire. Sans doute, il y a un lien entre ces faits, mais ce lien n'est sensible qu'à un esprit juste et éclairé, et c'est ce bon esprit qui fait l'historien. C'est pour cela qu'il importe que nous n'oubliions jamais qu'une œuvre historique ne mérite ce nom que si elle est, dans la mesure de nos moyens, je n'ose dire une œuvre d'art, mais en tous cas une œuvre achevée. On éprouve quelque gêne, Messieurs, à tenir ce langage, quand on est aussi loin que nous sommes de pouvoir donner une forme parfaite à l'œuvre que l'on conçoit. Mais il faut qu'il soit dit qu'une œuvre d'histoire doit être composée et écrite avec le même soin que toute œuvre de l'esprit. Nous n'avons pas le droit de jamais oublier que la composition et le style sont le critère de la justesse de la pensée. Nous écrivons pour chercher le vrai et pour le dire; sachons donc, si nous voulons l'atteindre, trouver le mot juste et être sobres de paroles, de preuves et de développements. Qui nous donnera de pouvoir être courts, d'épargner au lecteur l'attirail de nos recherches, de ne pas trop lui faire suivre l'ordre de nos travaux préparatoires et de lui présenter nos résultats, armés pour ainsi dire à la légère, avec la clarté de l'évidence? Ne saurons-nous pas apprendre à considérer toujours, lorsque nous prenons la plume, non pas nous-mêmes, mais le lecteur pour lequel nous écrivons? Car l'histoire est un raisonnement continuel et, de même qu'en mathématiques on aime à parler d'une démonstration élégante, il est nécessaire, en histoire, que nos démonstrations soient toujours brèves et correctes dans la forme, ce qui est, dans l'ordre de nos études, la véritable distinction. Cela aussi est une des exigences de la méthode historique.

IV

A quelle distance ne sommes-nous pas, en parlant ainsi, du niveau ordinaire de notre enseignement! Ne sommes-nous pas souvent tout autre chose que des maîtres, appliqués à développer les intelligences et à former les esprits au travail personnel? Préparateurs d'examen, examinateurs ensuite, on n'attend guère de nous des leçons de critique historique, et ceux auxquels nous les destinerions n'auront pas souvent, dans leur ministère pastoral, l'occasion de les appliquer. Quant à nous-mêmes, obligés trop souvent de parler de choses que nous ne connaissons pas par une étude personnelle, ne sommes-nous pas sans cesse en danger de tomber, des hauteurs de la pensée et de la science, dans le terre à terre du métier de professeur?

Ne laissons pas dire cela et ne nous résignons pas à diminuer ainsi notre enseignement.

D'abord, il ne faut pas désespérer de voir un bon nombre de nos jeunes pasteurs s'adonner aux études historiques. Avec de la suite et de l'ordre dans le travail, et en se maintenant en relation avec ceux dont on peut recevoir des conseils, on peut devenir un savant dans sa province sans être, au sens fâcheux du mot, un savant de province. Plus d'un des anciens élèves de cette Faculté en a déjà fourni la preuve. Que nul ne dise : le temps me manque pour le travail. Le temps ne doit pas vous manquer pour développer votre esprit. A ceux qui veulent rester fidèles aux études historiques (et un grand nombre peuvent être de ceux-là), nous voudrions avoir contribué à donner deux choses, l'amour de l'histoire et la notion de la méthode. Certes, nous ne leur demandons pas d'adopter nos méthodes et nos habitudes de travail. La véritable méthode varie avec les sujets et elle se renouvelle avec l'homme, suivant le développement naturel de son esprit, si bien qu'au fond, la méthode n'est guère autre chose que la discipline de l'esprit et, comme nous l'avons fait voir, que l'application de toute notre énergie au travail de l'histoire.

C'est une belle et aimable carrière que celle du pasteur qui aime l'histoire et qui ne veut pas y renoncer. Établi dans son modeste canton de campagne comme dans un domaine dont il est le connaisseur reconnu et apprécié, il s'intéresse à tout ce qui frappe ses yeux observateurs. Une fouille, une découverte d'antiquités, une intervention autorisée pour sauver de la destruction quelque vieille église ou quelque papier qui allait se perdre, tout cela tient sans cesse son attention et sa sollicitude en éveil. Attaché à des études de détail dans lesquelles il est le maître, il connaît si bien son sujet qu'il y trouve des clartés sur toute espèce de matières. A le voir si intéressé à toutes les choses nobles et belles, la sympathie vient naturellement à lui, les glaces se fondent, et on peut voir le pasteur déchiffrant des inscriptions avec quelque vieux chanoine, comme un confrère avec un ami. Comme il a reçu cette éducation supérieure de l'esprit que l'Église protestante estime nécessaire à ses pasteurs, on vient à lui comme à une intelligence formée aux bonnes études; les simples gens trouvent en lui leur maître et les gens cultivés leur égal. Il sera artiste aussi, du moins par le goût des belles choses. La construction d'une modeste chapelle lui sera une occasion d'en appeler aux traditions du culte et de demander qu'un temple consacré à Dieu soit véritablement une église. Toujours appliqué à chercher dans l'histoire ce qui élève et ce qui fait du bien, il renouvellera sans cesse les ressources de son esprit à l'aide des beautés du passé, et sa prédication y gagnera une variété et une richesse dignes de faire envie. Loin de se désaffectionner jamais des modestes populations et de l'humble coin de terre auxquels il a consacré sa vie, il s'y attachera d'autant plus qu'il les connaît mieux, et il en deviendra comme inséparable, par les belles choses qu'il a trouvées dans le pays de sa demeure et par le bien qu'il y a fait. Et tout cela au milieu des champs, en présence de la nature, et avec la plus belle vocation qui puisse être donnée à un homme !

Mais ne nous arrêtons pas trop, Messieurs, dans l'éloge de l'érudition et de l'histoire locale. Ces choses-là sont les petites fleurs de l'histoire. Nous avons autre chose à enseigner à nos élèves. Nous voudrions avoir travaillé à donner à tous nos auditeurs une chose plus importante que le goût de l'histoire, l'amour de l'Église. Quelle que puisse être l'insuffisance de notre enseignement, nous désirons qu'il soit animé et vivant, qu'il rapproche nos auditeurs des faits et surtout des hommes et que, dans la mesure du possible, il fasse revivre devant eux les institutions et les pensées des temps passés. Il est inutile, à cet égard, de parler en ce moment de l'étude des premiers siècles de l'Église, déjà si éloignés de Jésus et des Apôtres, et dans lesquels s'est développée la pensée chrétienne. Si nous étudions le moyen âge, nous nous efforcerons de pénétrer dans l'esprit des hommes de ce temps, qui pensaient autrement que nous et de comprendre la grandeur de cette époque, où l'autorité et la liberté se sont livré de si terribles combats. N'eussions-nous gagné à cette étude qu'un peu de tolérance et que cette conviction, que l'Église est partout où il y a des enfants de Dieu, nous n'aurions pas perdu notre peine. Dans les temps modernes, nous avons surtout à nous occuper de notre Église. Nous cherchons quel est le principe qui l'a fait naître, nous nous demandons comment elle est devenue ce qu'elle est aujourd'hui, nous l'étudions dans ses grandes figures et dans ses institutions, avec l'amour tout particulier qu'il nous est naturel d'avoir pour elle. Nous voulons connaître la raison d'être de sa doctrine ; c'est pourquoi nous trouvons un charme particulier dans les études d'histoire des dogmes, qui nous font comprendre l'Église comme un être qui croit, qui pense, qui doute aussi, mais qui ne peut s'abandonner au doute, et qui lutte toujours pour la vérité. En un mot, notre enseignement veut être consacré au service de l'Église. Ce service est tel qu'il convient à des hommes éclairés, il est sans parti-pris et sans étroitesse, il respecte en nous la rectitude du jugement et la fermeté du caractère, mais c'est un service que l'on peut accepter de bon cœur et, en dehors de lui, nous ne voyons pas pourquoi ni comment nous enseignerions l'histoire ecclésiastique. Pour nous, en effet, le seul moyen de comprendre l'histoire de l'Église, c'est d'aimer l'Église.

Il serait difficile que nous n'apprissions pas à aimer l'Église encore davantage, lorsque nous apprenons à la mieux connaître. L'histoire, ne l'oublions pas, a autre chose à faire qu'à juger ; elle cherche les raisons des choses, la cause des erreurs, l'explication et, s'il est possible, l'excuse des fautes ; elle s'arrête le moins possible à ce qui est mesquin et bas. Elle recherche le commerce des grands caractères, mais en même temps elle s'efforce de connaître et de comprendre l'esprit du peuple et elle sait trouver partout des hommes simples, bons et pieux. Comment ne nous ferait-elle pas aimer mieux encore l'Église, qui est une grande et noble partie du bien répandu sur la terre? On est heureux d'avoir la tâche d'étudier ainsi ce qu'il y a de meilleur en ce monde. Les misères mêmes des temps anciens (car on les connaît d'autant mieux qu'on étudie davantage) nous consolent des petitesses du présent et nous empêchent de trop nous effrayer et de nous laisser abattre. Sans vouloir imposer aux autres les leçons que nous tirons de l'étude des événements, nous nous plaisons à trouver pour nous-mêmes un guide et un encouragement constant dans l'histoire, *magistra vitæ*. C'est ainsi que l'historien a l'une des meilleures parts entre les hommes qui se consacrent à l'étude, et qu'il reçoit à chaque moment la récompense de son travail.

Messieurs, nous aurions obtenu la meilleure récompense à laquelle nous puissions prétendre, si nous avions pu contribuer à faire des étudiants de notre Faculté, que nous aimons de tout notre cœur, des amis de l'histoire et de bons pasteurs.

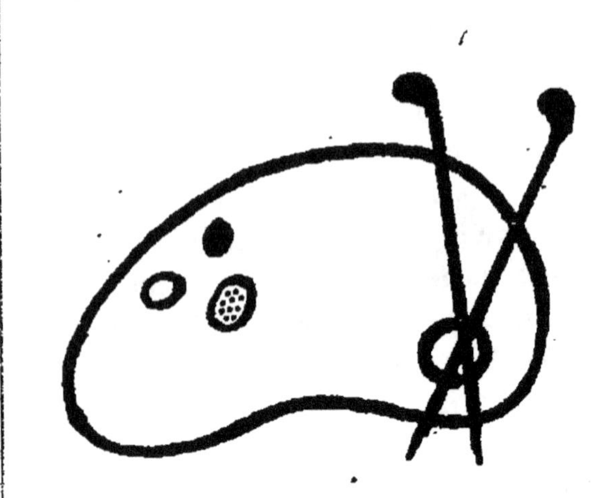

Original en couleur

NF Z 43-120-8